中華古籍保護計劃

ZHONG HUA GU JI BAO HU JI HUA CHENG GUO

·成果·

（元）揭傒斯 撰

元本揭曼碩詩集

國家圖書館出版社

圖書在版編目(CIP)數據

元本揭曼碩詩集 / (元) 揭傒斯撰.—北京:國家圖書館出版社,2021.9

(國學基本典籍叢刊)

ISBN 978-7-5013-7169-3

Ⅰ.①元… Ⅱ.①揭… Ⅲ.①古典詩歌—詩集—中國—元代 Ⅳ.①I222.747

中國版本圖書館 CIP 數據核字(2020)第 265166 號

書　　名　元本揭曼碩詩集

著　　者　(元)揭傒斯　撰

責任編輯　苗文葉

助理編輯　王　哲

封面設計　徐新狀

出版發行　國家圖書館出版社(北京市西城區文津街 7 號　100034)

(原書目文獻出版社　北京圖書館出版社)

010-66114536　63802249　nlcpress@nlc.cn(郵購)

網　　址　http://www.nlcpress.com

印　　裝　北京市通州興龍印刷廠

版次印次　2021 年 9 月第 1 版　2021 年 9 月第 1 次印刷

開　　本　880×1230　1/32

印　　張　5.375

書　　號　ISBN 978-7-5013-7169-3

定　　價　20.00 圓

《國學基本典籍叢刊》編委會

《國學基本典籍叢刊》前言

國家圖書館出版社（原書目文獻出版社 北京圖書館出版社）成立三十多年來，出版了大量的中國傳統文化典籍。由於這些典籍的出版往往采用叢書的方式或綫裝形式，供公共圖書館和大學圖書館典藏使用，普通讀者因價格較高、部頭較大，不易購買使用。爲弘揚優秀傳統文化，滿足廣大普通讀者的需求，現將經、史、子、集各部的常用典籍，選擇善本，分輯陸續出版單行本。每書之前均加簡要説明，必要者加編目録和索引，總名《國學基本典籍叢刊》。歡迎讀者提出寶貴意見和建議，以使這項工作逐步完善。

編委會

二〇一六年四月

序　言

《揭曼碩詩集》三卷，元揭傒斯撰，元至元六年（一三四〇）劉氏日新堂刻本，傅增湘鈔補缺葉并跋。框高二十點七厘米，寬十三點三厘米。每半葉十行，行十九字，黑口，四周雙邊。

揭傒斯（一二七四—一三四四），字曼碩，號貞文，龍興富州揭源（今屬江西豐城）人。家貧力學，貫通百氏，有文名。延祐初，由布衣薦授翰林國史院編修官，遷應奉翰林文字，遷國子助教。天曆初開奎章閣，首擢授經郎，與修《經世大典》。纍官翰林侍講學士，同知經筵事。至正三年（一三四三）詔修宋、遼、金三史，揭傒斯爲總裁之一。次年，因寒疾歸家，不久去世。追封豫章郡公，謚文安。事迹具《元史》卷一八一本傳。

揭傒斯詩文俱佳，其文叙事嚴整，語簡而當。凡朝廷大典册及碑版之文，多出其手，一時推爲巨製。其詩『清麗婉轉，别饒風韵』『神骨秀削，寄托自深。非姹紫嫣紅、徒矜姿媚者所可比』（見《四庫全書總目》卷一六七集部『《文安集》十四卷』條）。他與虞集、楊載、范梈同爲『元詩四大家』，又與虞集、柳貫、黄溍并稱元代『儒林四傑』。

揭傒斯詩文在元明時期影響甚大。宋濂《柳待制文集後記》云：『國子監丞莆田陳公旅嘗評之曰：「……天曆以來，海内之所宗者，惟雍虞公伯生、豫章揭公曼碩、烏傷黄公晋卿及公（柳貫）四人而已。」識者以爲名言。』宋犖《漫堂説詩》云：『元初襲金源派，以好問爲大宗，其後則稱虞、楊、范、揭。』沈德潛《説詩晬語》云：『虞、楊、范、揭四家詩品相敵，中又以漢廷老吏爲最。』

揭傒斯詩文集傳本較多，有生前編訂者，有身後門生整理編校者，亦不乏基於此二者而傳鈔再編成書者。例如：

元代程鉅夫《雪樓集》卷一四《揭曼碩詩引》：『有示予詩一編，曰豐城揭曼碩作也。』

明《文淵閣書目》卷十著録『《揭曼碩集》一部二册（完全）』，應爲詩集。同書卷九著録『《揭曼碩文》一部一册，缺』。

明楊士奇《東里集·續集》卷一八：『揭文安公篤學清操，爲文章義正辭潔，矩矱森嚴，一代之望也。嘗見公文集刻本有二，考之，皆爲授經郎以前所作。余家所録文二册，傳於蔣立恭家。比聞僧録司官溥洽有公文集十册，詢之已失其一，所存九册，其徒持歸四明，不及得觀也。』『右揭學士詩及頌表，亦舊録於蔣立恭者，今書坊所刻揭詩多此録所無，宜補之，未暇也。《元史·揭公傳》見公上《太平政要》四十九册，而無其文。凡余見公文集數本，亦無之，獨此本舊録於蔣立恭家者有，固當爲善本也。』『右揭文安公曼碩文集十二册，永樂丁酉録於朱中書李寧，蓋得禮部郎中王儀之家藏刻本也，凡五十卷，而已缺十三卷：八卷至十四卷、十八卷至二十一卷皆詩，二十二卷賦，四十卷題跋，此十三卷所缺者，余舊録本蓋間有之。然此集詩文亦有目録雖有而卷内無者，不知如何也。』

焦竑《國史經籍志》著録：『《傒斯集》一卷。』

黄虞稷《千頃堂書目》卷二九著録：『揭奚斯《揭文安公集》五十卷（全集今軼不完，《楊士奇文集》志云缺。）又揭文一卷，又詩三卷，又《文粹》一卷，又《文續録》二卷。』

顧嗣立《元詩選》收録傒斯詩，題曰《秋宜集》。

《蕘圃藏書題識》著録明刻本《揭文安公文粹》不分卷，黄丕烈跋：『《揭文安集》，其門人燮理普（一作溥）化所編者，文凡八卷，今不可得見矣。此所選僅五十七首，雖不備，然所稱叙事嚴整，語簡而當者，大略可見焉。明時刊本，此時已不可多得，真有幸有不幸耶？』

傅增湘《藏園群書經眼録》卷十五著録：

《揭文安公文集》九卷，舊寫本。徐坊藏書。

《揭文安公文集》九卷《詩集》三卷《續集》一卷，舊寫本。莫棠藏書。

《揭文安公文集》九卷《詩集》三卷《續集》二卷，舊寫本。翰文齋書店藏書。

《揭文安公文集》九卷，清鮑廷博知不足齋寫本。

《揭文安公文集》□卷，存六卷：詩一—六，明刻本。傅增湘藏書（今藏中國國家圖書館）。

《揭曼碩詩集》三卷，元後至元六年日新堂刻本。傅增湘藏書（今藏中國國家圖書館），日本内閣文庫亦藏一部。

《揭曼碩詩集》三卷，明寫本。書賈楊馥堂藏書。

《元音獨步揭文安公詩集》二卷《補遺》一卷，影寫明正德刊本。書賈楊馥堂藏書。

《元音獨步揭文安公詩集》二卷《補遺》一卷，清寫本。傅增湘藏書（今藏中國國家圖書館）。

《揭文安公文粹》一卷，明刊本。傅增湘藏書（今藏中國國家圖書館）。

以上是見於部分文獻記載或著録的揭傒斯詩文集版本，這個記載是不完整的，而且所記載的這些文本有一部分今已失傳，但是這些記載足以説明一點，即揭傒斯詩文集的版本比較複雜，有生前編訂者，有身後編訂者。其中，詩集有單行者，有與文賦等合編者，收録詩篇多寡不一，分卷有二卷、三卷、四卷，乃至二十餘卷之别。傅增湘《藏園群書經眼録》卷十五著録此元刊三卷本《揭曼碩詩集》，云：

此書余藏舊寫本兩帙，一爲影元刊，行款與此正同，有人以朱筆據舊鈔本校過。一爲影明刊，題『元音獨步揭文安公詩集』『門生燮理溥化集録』，後列『明黄岡令四明王浩校正』一行。陳enth借黄丕烈藏養拙齋本校過。明刊祇二卷，後附拾遺，詩之次第先後亦不同，今得此元刊本，則兩本所疑誤者昭然若發蒙矣。

傅增湘比較元、明刊本异同，指出此元刻本與明本不僅卷次不一致，詩之編排次第也有差异，兩本都稱由揭傒斯弟子燮理溥化集録，但顯然與實情不符，傳世揭傒斯詩文集或并非盡出自燮理溥化親手編輯整理，當有書坊請人據所見傳本重新編排者，故而分卷和詩文次第、多寡有异，題燮理溥化集録或校録，乃書坊假借燮理溥化之名以求速售。

燮理溥化，字符普，泰定四年（一三二七）進士，揭傒斯的弟子。據稱，燮理溥化曾編校《文安集》。據卷内題署，此詩集三卷亦爲燮理溥化所編。

此本目録次行題曰『至元庚辰季春日新堂印行』。至元庚辰乃後至元六年（一三四〇），時揭傒斯尚健在。日新堂爲元時建陽著名書坊，主人劉錦文，字叔簡。該書坊自元末至明初刻書甚多，品質也較高。現在所知尚有元統三年（一三三五）刻《廣韵》五卷、後至元六年（一三四〇）刻

《伯生詩續編》三卷、至正八年（一三四八）刻《春秋胡氏傳纂疏》三十卷、至正十二年刻《詩集傳通釋》二十卷《綱領》一卷《外綱領》一卷等三十餘種。

此本傳世極少，目前所知，日本内閣文庫藏一部，中國國家圖書館、福建省圖書館各藏一部。

中國國家圖書館藏本爲傅增湘先生舊藏，卷末有傅增湘跋：

《曼碩詩集》以至元本爲最古，然徧檢諸家藏目，皆屬舊鈔，如錢氏《讀書敏求記》、張氏愛日精廬所藏，皆從元刻傳録者。張芙川家所藏則從元刻校勘者。惟葉文莊《水東日記》言其家有元時坊刻三卷本，意即此本耳。昔於南中見芙川家明寫本，有李兆洛、黄廷鑑、季錫疇諸人手跋，相與歎賞，詫爲珍秘，則元刻之罕覯益可知矣。甲子歲，余游廠市，偶獲此本。……字體婉秀，有松雪意。間有補板，則殊爲拙滯。題『門生前進士燮理溥化校録』。目録前有『至元庚辰季春日新堂印行』一行，諸家題識以爲在目後者，皆誤也。惜卷三末缺失七番，適余有影元鈔本，遂手寫完之。

如傅跋所言，此本之出現，糾正了過去諸藏家目録以爲『至元庚辰季春日新堂印行』一行在目録之後的疏誤。明末毛氏汲古閣曾據此元刻本刊印。

揭傒斯詩文集有今人重新點校整理本，該整理本以民國九年（一九二〇）胡思敬《豫章叢書》

本爲底本，以《四部叢刊》本《揭文安公全集》、海山仙館本《揭曼碩詩集》作校本。《四部叢刊》本《揭文安公全集》據烏程蔣氏密韵樓藏孔葒谷鈔本影印。海山仙館本《揭曼碩詩集》以此元刻本爲祖本，所收詩篇、次序、分卷等皆同。另有《四庫全書》本《文安集》，所據爲汪如藻家藏本。今以此本與《豫章叢書》本、《四庫全書》本、《四部叢刊》本略加比勘，可知此元刻本與《豫章叢書》本差异較多，除了傅增湘所指出的卷次和編排次第不一外，個别詩題亦有繁簡之别或文字差异，如卷一《衡山縣曉渡》，《豫章叢書》本『曉』字作『晚』，《四庫全書》本、《四部叢刊》本作『曉』，『曉』字於義較勝。《題王山仲所藏瀟湘八景圖卷走筆作八首》，詩題與八首詩之先後次序，《四庫全書》本、《四部叢刊》本同此元本，唯《豫章叢書》作《題王山仲所藏瀟湘八景圖》，且八首詩之前後次序亦异。《宿梁安峽夢故室有感時還盱江》，《四庫全書》本、《四部叢刊》本同，唯《豫章叢書》『時還盱江』四字爲小注，未入詩題。卷二《贈淳真子》，《四庫全書》本、《四部叢刊》本同，唯《豫章叢書》作《贈淳真子張太古》。卷二《寒夜作》、卷三《秋夜作》，《四庫全書》本、《四部叢刊》本同（《四庫全書》本卷二缺《寒夜作》），《豫章叢書》二詩題皆無『作』字。諸如此類异同較多。且《四庫全書》本、《四部叢刊》本卷一至卷三所收詩、詩題、次序、分卷與此元刻本基本相同（《四庫全書》本卷二自《題桃源圖》至《題淵明歸去來圖》二十餘首詩皆缺，疑鈔寫者偷工減料，故意漏鈔），知《四庫全書》本《文安集》、《四部叢刊》本《揭文安公全集》之詩集三卷與此元刻本《揭曼碩詩集》三卷關係密切。如前所言，揭傒斯門生爕理溥化曾編校《文安集》，此詩集三卷題爕理溥化所編，此三卷本《揭曼碩詩集》或爲《文安集》之别本單行者，『所編雖不足盡傒斯之著作，然師弟相傳，得諸親授，終較他本爲善』（見《四庫全書總目》卷一六七集部『《文安集》十四卷』條），使今人得見揭傒斯詩集之早期面貌，價值之高自不待言。

汪桂海

二〇二一年八月

目録

卷三

據國家圖書館藏元刻本影印原書版框高二十點七厘米寬十三點三厘米

揭曼碩詩目錄

至元庚辰季春日新堂印行

卷之一

黄尊師高軒觀鸞因留宿

衡山縣曉渡

題玉山仲所藏瀟湘八景圖卷走筆作八首

以事輟如武昌發臨川

女兒浦歌

送尹十六善叟謁告歸茶陵會葬贈兄處

士十韻

送黄五舅得武陵校官還辰州寓居省侍

貧交行

曉坐張先生朝陽軒

過武昌

南康夜泊聞廬阜鐘聲

春日雜言十首

夢兩雖

夢武昌

遊麻姑山五首

盧學士奉 旨南祀海嶽繇鍾陵相別聞

尚留會稽有懷奉寄

病夜

得程翰林揚州消息

何郎失鏡詞

贈青城侯尊師次人韻

贈友

曉出順承門有懷太虛

京城閑居雜言八首

去婦詞

四友詩

賦雙陸

泊安慶時再此游

漁父

卷之二

詩

送周山人之遼東

李宫人琵琶引

題上都崇真宫陳真人屋壁李學士所畫墨竹走筆作

集賢大學士趙國公王開府慶八十應制

陵陽牟景陽以名祖父之子孫負奇材勁氣而與世抹摋自台州教授入掾翰林一語不合竟棄去不顧以詩為別

結羊腸詞

劉承旨父大司徒邢國公慶九十應制

小孤山次韻

贈別曾編脩歸廬陵莖學士兄

寄題臨川西礀范氏寓居

尋舍弟將至東平宿野店

贈王郎

沆逸人東觀招飲山館

畫鴨

題聶氏陶軒

送涂雲章訪舊武昌卻入京師

歸舟

小孤山曉發和蔡思敬韻

大信晚泊呈舟中諸公

白楊河看月

歙風臺和李提擧韻

題嚴陵獨釣圖

題鼴鼠食瓜圖

信州懷源觀徐尊師乃玄教大宗師張

開府之弟子也

送蔡思敬還豫章有懷遼陽李提擧

詩

題明皇出遊圖應制

詩卷

白翎雀

寄題胡氏園趣亭

題文瑞圖

題南頻孔氏復明詩卷

奉同柯博士丹丘〈右下真賦〉
賦得海上雲送良上人歸徑山
吴子高悼亡歸岳陽
秋夜作
進士張于高得邛州判歸成都
題陶淵明歸興圖
寄題傅尊師兄弟所作寧壽道院
二月朔日雪中題歐陽少監所藏宋好古
畫竹
雲錦溪棹歌七首

桃華鸚鵡

道孝子

入秦淮和曾脩

送陰陽蕭教授赴瀏陽

賦得春鴈送張郎中省覲楊州

送聶太祝赴潮州録事

題俞氏看雨軒

題江道士清虚館

賦得呉歌送人歸呉中

目錄終

揭曼碩詩集卷之一

門生前進士燮理溥化校錄

臨川女

我本朱氏女住在臨川城家世事趙氏業惟食農耕五歲父乃死天復令我盲莫知朝與昏所依母與兄母兄日困窮何以資我身一朝聞盜言與盲出東門阿母送我出阿兄抱我行不見所向途但聞風雨聲行行五里餘忽有呼兄名兄乃棄我走客前撫我言我與趙世親復與汝居鄰聞汝即趍死扶服到河濱我身盡沾濡不復知我身汝但與

我歸養汝不記年涔涔邅旋路咽咽還入城城中
盡驚問戚促不能言望門喚易衣恐我身致患再
呼我毋來汝勿憂飢寒汝但與盲居保汝毋女全
我毋為之泣我鄰為之歎喜我生來歸疑我能再
明況得與毋居不異吾父存我今已十三溫飽兩
無營我毋葦康彊不知兄何行我毋本慈愛我兄
亦艱勤所驅病與貧遂使務中情當日不知死今
日豈料生我死何足憾我生何足榮所恨天地生
不如羊翁仁誰能為此德婁公名起華

夏五月武昌舟中觸目

兩髯背立鳴雙櫓短簑開合滄江雨青山如龍入
雲去白髮何人並沙語船頭放歌船尾和篷上雨
鳴篷下坐推篷不省是何鄉但見雙雙白鷗過

張君壽先生鶴山隱居

當日自期穎泉鄉莫年羞見魯諸生膝無多病終
難屈身為長愁視轉輕日晏與衣留客醉雨餘閑
户看兒耕淮雲楚樹晴如掃卧送年年江水聲

送趙履道虞叔常還江右

趙子我同里虞郎我同年手折武昌柳送上西江
船買魚沽酒燒荻鞭夜下西塞寒山前西塞山碧

如昔君今去幾時来東風花開春水漲待君黃鶴磯頭望君庚公樓上

寄題九江義門陳氏壽安堂

匡廬之陰彭蠡涯七百餘載真良家宋御書表其門曰真良家冲和鬱勃吹不散飛落南山蕙草花往時冠蓋如流水撞鐘鼎食三萬指詔書十度復租庸每歲朝廷仍貸米父慈子孝則四方紀淨綱明照閭里蓬莱水淺昆明空天開地闢元氣通張公百忍澤未竭王母千年桃始紅南山築堂三百步翠竹屯雲森玉樹忠厚必有神明扶淳樸自是期頤具方瞳

綠鬢紅顏能春酒撫蕙香扶疎公侯子孫始又復

日為大夫人起居

正月十二日尋盧學士船至漢口留詩為別

晴江澹微瀾曳雲在層巘參差連舫出散漫羣

鷗遠始知遵漢廣送睇高拂卷懷賢每忘賤臨流

亦忘蹇蒼茫景將入窈眇春猶淺新知還相違餘

悰何由展

黃尊師高軒觀鶴因留宿

開軒南嶽下世事未曾聞落葉常疑雨方池半是

雲偶尋騎鶴侶來此看鸞羣一夜潺湲裏秋光得

細分

衡山縣曉渡

古縣依江次輕輿落岸隈鳥銜行客過山向野船
開近嶽皆雲氣中流忽雨來何時還到此明月照
沿洄

題王山仲所藏瀟湘八景圖卷走筆作

瀟湘夜雨

涔涔暗江樹荒荒幾天路穩繫渡頭船莫放流下
去

遠浦帆歸

冥冥何處來小樓江上開長恨風帆色日日誤郎
回

煙寺晚鐘

朝送山僧去暮喚山僧歸相喚復相送山露濕人
衣

洞庭秋月

灝氣自澄穆碧波還蕩漾應有凌風人吹笛君山
上

平沙落鴈

天寒關塞遠水落洲渚闊已逐夕陽低還向黄蘆

浸

漁村晚照

定從海底出且向平沙照漁網未全收漁舟還下釣

山市晴嵐

遶樹暴蓋出行人取次多板橋雙路口此丗幾迴過

江天暮雪

孤舟三日泊不見有人家昏昏竹籬處卻恐是梅華

以事輭如武昌發臨川

江轉欲無路山迴忽似圍客程秋共遠物色晚多疑稍稍沙鷗集忽忽野對稀武昌今夜夢定有故人知

女兒浦歌

女兒浦前湖水流女兒浦前過湖舟湖中日日多風浪湖邊人人還白頭

大孤山前女兒灣大孤山下浪如山山前日日風和雨山下舟船自往還

送尹十六善叟謁告歸茶陵會葬賢兄處士

十韻

八歲頹賢兄未埋猶望生旋聞日下塋敢戀世間

榮得告如無及嚴期況有程意長看路短義重覺

身輕鄉對迎船出江雲入莫橫望山占驛堠聽鳫

作城更但使餘臨穴猶堪略慰情死生今古異去

住別離并尚是疇知已非貪美俗評忽忽不可盡

迴首各沾纓

送黃五舅得武陵授官還辰州寓居省侍

寧上山頭種禾黍莫向他鄉作羇旅山田得雨尚

有年他鄉顛覆何人憐一身千里家何在全家憂

在沉湘外獨對雞鳴楓葉飛荒村鴈沒蘆花碎羈

在窮邊望子還子在長途衣復單居無寸田出無

僕明年作湆官當食祿

貧交行

驅車涉廣川揚帆陟崇丘結交四海内中道多愆

尤朔風厲苦節獨鸛横九州朝拂三島樹夕過五

城樓兩翅偶寒影曠然何所求登高臨大江日莫

萬里添時哉踠躠八八年忘外留出必益繆淇歸

與夔龍儔進退兩不疑功成垂千秋萬事日相欲

恩情若雲浮吾心苟不渝反覆安足仇自非天地

外何能獨忘憂

曉過張先生朝陽軒

朝日照高樹幽人方啓關蕭寥塵外事風葉滿窗間

別武昌

欲歸常恨遲將行反愁遷殘年念骨肉久客多親故佇立望江波江波正東注

南康夜泊聞廬阜鐘聲

廬山三百寺何處扣僧雲宿鳥月中起歸人湖上聞入空應更迴近漸正難分遥想諸僧定香爐上

春日雜言七首

日月朝朝新何物能獨久常恐天與地變化留已
朽東風闖然來茫茫浩無首起視桃李對賸豔一
非舊如何楊子雲泯默空自守

朝出城西門孤墳何穹窿雄狐竄其西脩虵出其
東云昔有狂士七尺才且雄平生無所賴屠狗涉
春冬一朝際風塵身貴位益崇死生好惡間咄嗟
半秋風氣驕日憑陵家國兩蒿蓬子孫分散盡空
有牛羊蹤

冪歷楊柳枝蒙茸春草齊夭夭誰家婦采桑臨路岐零露沾其裳銖絲卷其衣對高身苦弱蠶飢行復逢辛苦事姑嫜宿昔減容輝見者皆歎息此心知獨誰良人日暮至醉問爾何為

啁啁田間雀啄啄常不給春水日已深綺羅復相及既無養生具日夕湯火急多謝雲間禽無為自羈縶

祝融九千丈瀟湘地底流洶湧洞庭野崩騰江漢秋上有飛仙人身披紫雲裘昔者嘗相遇縹若乘丹丘同歌黃鶴渚共醉岳陽樓恩之忽不見獨立

悵悠悠
我有琅玕草欲贈江東客出門道路長卷袂空歎
息〻靈苗世所尚良士余所惜神仙無千年耿耿誰
復識
五歲能讀書十歲能賦詩十五事遠遊三十無所
為既乖俯仰責復為鄉里欺生計日巳踈世態多
瑕疵煌煌金張門徒隸皆光輝日晏賓客集軒車
如風馳一唉擲千金片言委黃泥齊生獨抱琴来
往何逶迤

阿英十二能辟纑阿牛五歲貪讀書辟纑成縷無人織讀書有志令人惜汝父飄零汝母休吾親雖健俱白頭雨聲斷道風驚屋阿婆獨抱諸孫哭

夢武昌

黃鶴樓前鸚鵡洲夢中渾似昔時遊蒼山斜入三湘路落日平鋪七澤流鼓角沉雄遙動地帆檣高下亂維舟故人雖在多分散獨向南池看白鷗

遊麻姑山五首 并序

湖北憲使程公閒居盱上二年矣五月二十日詔拜翰林學士又十日公與使者及諸客同遊麻

姑山輒以覽歷所止賦詩五首

雲關

君子荷初服恩至若無榮穆穆芳雨散悠悠蒼山
行危關擁霧黑飛術緣雲青苔蘚滑如積杉松霄
冥冥時逢負苓翁忽聞流水聲舉足向益高矯然
欲遐征徒隸各忘倦矧彼高人情

飛練亭

神工擲天紳挂之兩崖間萬古輸不盡誰能測其
端勢劃山石愁氣挾草木寒安得天風吹繫彼日
月還麻姑綠雲髮黕黕長不殘

湧雲亭

泉源出地底仰向雲中行擘匡瀉千丈亂石皆騰獰風霆日夜急雨雪虛空明不有神物扶兹山應久傾噴薄側飛鳥砰鍧愁百靈仙家信為好喧聒何由平

三峽橋

兩山東飛橋下塹不測淵誰開萬尋鐵迸此無窮泉淙淙輥空曲洶洶投奔川陽光下照之忽作龍騰天常恐無因變中有瞿唐灘

麻姑壇

嵯峨仙都觀遥望丹霞天後有千歲松前有百須
田風日夏颯颯烟雲晝蓊芊羣萃一時集安知非
列仙持觴起相醻羅琴抗高言天道信悠邈人情
何拘攣靈君不可致落覽詎少延仰難懟冥冥俯
實憂元元主人顧坐客此中可忘年

盧學士奉　旨南祀海嶽繇鍾陵相别聞尚
宿留會稽有懷奉寄

鍾陵一分手幾日過錢唐五月山陰路千峰海上
涼烟霞含景氣草木識天香夙昔經行處風深轉
不忘

病夜

素壁深窻獨客身桃枝薑脖只爲鄰極懸供給頻
賢友尚恐傳聞及老親藝響戒寒相應起燭花連
夜爲誰新多情造物真豪縱盡力相驅病與貧

得程翰林揚州消息

皇明屬休期側席佇貞良游麟既集藪鳴鳳亦在
岡君子乘時興出餞何輝光車馬塞江介笳鼓凝
羽觴時秋風雨交四顧野莊莊最鉦激中流飛旆
忽興方蓄思遵旋軌浮雲繇北翔道路間邦畿草
木隕寒霜晷景倏易流悲來但惆悵君懷經綸憂

余負灾疾妨騫沉固興趣情誼結中腸居下衆所
爽在賤誰不忘宛緬廣陵嗣胡獨置我傷鬱悒增
愁思投袂睇莽蒼自傾匪茅茹委跡任空墻淵淵
賢達心恨恨情内傷

歸故園新居落成後作

親老身仍苦家貧歲更凶掄材斤斧後蕟地草萊
中面勢看前跡歡呼儀衆功聊存今日意敢望昔
時同

漂轉何多歲艱難且定居隣人供菜菓穉子進詩
書稍覺牛羊遠兼知蔓草除此園三百載亦復逐

吾初

山行

稍出羣山復涉溪溪光山色兮相輝青裾獨照溪
邊石不顧行人自濯衣

寄題馮掾東臯園亭

時雨散繁綠緒風溯平原興言慕君子退食在丘
園出應當世務入詠幽人言池流瀉無聲畦蘇蔚
葱芊高林麗陽景羣山若浮烟好鳥應候鳴新音
和且閑時與文士俱消搖農爾春理達自知簡情
忘可避喧庶云保貞和歲暮秉周旋

宿渫安峽夢故室有感時還盱江

渫安峽裏杜鵑啼絕壁蒼蒼北斗低雲氣倒連山影合石棱斜鬬浪聲齊南風盡日迎歸客落月空江夢故棲一室十人分數郡百年幾處候晨雞

送趙仲遠赴甌寧

仍為令尹去如送武夷仙舊政閩人說新詩海客傳度關颯撤暑下瀨月依船不棄循良意國知慕府賢

山莊晚立有懷舍姪沈晳穫臨川

鞦穀黃乘葉蒼蒼白竹峯居人爭野碓歸客背村

鐘路暗緣溪濕山寒着霧濃阿咸收稲未辛苦關
相從

哭王十良仲

深谷可為陵大海可為田唯有死者窮無由覩青天千古黄壤間萬古黄泉下精神與時息形質随日化日落朝復生月缺望已盈不知死者别何時見形聲悲哉復悲哉已矣復已矣我友初五人今焉忽成四死者不復見生者長别離人生如春花美好知幾何欲為生者歡須念死者苦死生日相尋歡樂如夢也

雨述三篇

江南臘月天未雪居者單衣行苦熱連山郡邑瘴盡行豈獨嶺南與閩越逋民纕纕度閩山十人不見一人還明知地惡去未已可憐生死相追攀近聞閩中瘴大作不聞村原與城郭全家十口一朝空忍飢種稻無人耬共言海上列城好地冷風清若蓬島不見前年東海頭一夜潮來跡如掃冬來一晴四十日三日南風當有雪大知閩領今何如念我故人書斷絕劍南判官心所親甌寧大夫政有神腐儒多事浪憂喜安得貽書兩故人

春莫閒居寄城西程漢翁十五韻

迢迢曾城阿峨峨鳳皇山下有隱淪士能為淮漢言兩日一寫音五日一承顏每談經濟事恒及離亂間言辭多忼慨文字少凋殘不歎東逝川但憶南山田寧與無心遊不受衆目憐褰衣必崚嶒散步亦名園舒卷信衽襟蕭森固所安經春償疾痗撫時增懦羸羣書亂藥裹高卧掩荊關蹇余屬久要朝隨常暮還醜劣愧高情焉知君所觀日出衆鳥語蒼谷湍樸端中章寫深誼譾薄何由宣

長風沙夜泊

長風沙風沙不斷行人嗟行人嗟奈君何南風正高北風起大船初灣小船喜移船更近大船頭不獨風沙寂可憂但視行人好心事長江何處是安流茅屋參差數株柳時平尚置官軍守青裙老嫗訛鮮魚白髮殘妝賣私酒魚賤可買酒可沽他人心事知何如

何郎失鏡詞

團團如月不曾虧家人親置枕中時朝朝將正頭上幘時時携鑷鬢邊絲古文宛轉何人造失來始覺今難討街頭不直半緡錢古銅終較今銅好向

人不敢再三尋客裏空疑同舍心萬里相隨一朝
別夜夜還瞻天上月

贈青城侯尊師次人韻

聞說名山采藥蹤多從雲去少人逢蜀江春老歸
難定燕谷寒來壁轉濃寨上僊經新長蠹匣中雄
劍舊降龍不知少日尋真處還在青城第幾峰

贈友

天道有恒運君子蹈其常時物自然洽庶心亦惟
康鄙人實慮思昧氣言陰陽霜霰中夏零焉得不
摧傷先聖有遺訓血氣戒方剛懿彼老氏言舌齒

宗存亡反躬寔明哲觀色屢迴翔正德誕云劃翠
欲乃非祥沾靄疊空明不足揄景光勿謂徑寸垂
不足載春芳推餘暨昏朝懷我安能忘

曉出順承門有懷大虛

步出城南門張望江南路前日風雪中故人從此
去

京城閒居襍言八首

都城列萬雉樓觀竝飛霞太液深蕩瀰廣寒高嵯
峩重譯踰萬國流聲竟四遐既寵瑰異才復保勳
舊家忠厚跂行葦明照徹羲娥永惟

皇上德世世襲享嘉
冀北多良馬漁陽多壯士馬休伏槽櫪壯士習農
器棄橐竟中州朝貢四方至外無烽燧警內有耳
目寄消揺放良時歡樂永不替
濟濟從臣內共共公與侯伊昔從我　皇守邊瀚
海頭荷戈十餘載力戰如已憂寸策無遺用長智
少淹留勞多必重賞功大靡輕酬意氣相傾動息
深身若浮　天子秉六龍垂衣臨九州茅土亘河
山甲第隘莊馗四海御光耀出入擁華騶富貴紱
如此寵祿信難侔從軍亦云苦眷言享斯丘

朝從獵城南暮從獵城北白馬喻飛翰輕裘如膏
澤塵起知獸駭風高驗鳥疾隻箭落雙鶖千金出
俄刻歸來拜恩寵樂飲過一石僮奴增意氣賓客
改顏色常恐文達士輕薄多瑕讁高門臨廣衢秋
風上荊棘

朔土高且厚民[illegible]勁而彊榆柳雖弱質生植益繁
昌桃李大於卷棗栗充饑糧誰謂苦寒地百物莫
得傷青青雲夢竹宿昔傲雪霜移植於此庭不如
芥與櫕竹性豈有改由來非本鄉

眇眇寒門士客途困臺城上無公卿故下無舊友

朋衰竭不自得 營營四顧、我沴餘但聞驕
笑聲曰 道 軒冕榮節食慎所欲聊以
厚我生
高 親同室不相踰矧彼途路
人 真共美為善樂莫知與
善鄰 已謂貽子孫一言易為義一息
易為仁 叟何以慰心神
哀哉繁對草日夜黍鮮腴蛙我白楊對高高凌玄
盧朝遊車馬中久息思故廬壓於難為絜野性非
京都貧賤不自保為能戀簪裾賴有死與生可齊

賢與愚

去婦詞

江東有一士子留都下三年適娶一貴人女為妻久乃知其已有妻子矣一夕遂去因託去婦為之詩非徒欲傳其事抑以示風戒云爾

輕合鮮義終苟容希禮遇遠結萬里昏多為才名誤始與君結好不知君有婦有女嫁他人俱懷託邅莫青青牆下草生死牆下路娟娟道傍華零落無處所女子失其身何以保貞素既乖百年意百年誰能度對鏡空悲嗟中心良難訴浮萍難為託

一本無兩附棄舊屬新歡新歡漸成故寧當中路析莫被他人去寧老阿母傷不受他人妬騰身出房闥兩絶無復顧所願嫁他人甘心西山討

四友詩

四友者廣信王庭鈺良仲臨川李商豺良佐武昌盧廷鸞子儀同里熊埴從正也李亡已七年餘亦亡二三年余索居京師每夕夢寐與四友相接傷其皆賢而無壽又與余爲好遜作四友詩一以志余哀一以騐見其平生云李得年二十二盧二十九熊三十四王四十有九

三兄質奇偉十四已應門會卒遘閔凶盜賊蔽立
原氣經從伯父慷慨安其人豪横剸狼虎瞋目莫
敢干降心相欵密共稱孺子賢時應州縣役調笑
官長尊酬接雖靡監講習日多聞激烈忠憤際委
曲禮法閒時平俗益康放志農圃言有集曰圃課浮湖
感龍變嘗汎彭蠡見龍見遂陟肆意墨龍悟解變絕歟思感鳶騖古笛振
哀鐵清琴皴素紋每傷古人逝迸淚尊酒前與我
初識面已誓為弟昆誰謂天不仁中路遂離分寧
寧昂山阿黝黝硯井泉賓客一以散託夢與招魂
嘉木不叢生猶為造化欺繁霜凋其葉震風蕩其

枝利蟲齧其根飢鼯啄其皮豈無雨露滋不得干
雲霓李氏年弱冠博通三氏詞援毫搖飛雷吐氣
裂豹螭信如海上潮直若琴上絃朗如九秋月溫
比三春暉志在躋聖賢寧復顧所私一悟生滅理
天地忽若遺君卒時一日晨興有數道人叩門謂求作句運毫訖君援筆而就大為得意。有頃忽奮然出遊父母聞而驚哭之追謂父母曰吾兄享年多死生命也勿以為憂既瞑一道人撫其背曰樓機樓機生好處生好處復瞻目視道人冀聲曰非法本無生滅遂卒癸卯二月也茲時發興出城初不能勝忽輕如明須回蚤聞道短折非所悲茫茫後
死者中夜獨漣洏
武昌故舊中盧生亦奇特雄才傲當世高韻凌白日

貧賤有相知富貴莫能折冠蓋如雲霧而獨與余
密大德七年夏予有長沙役臨河與余分攜訣父
嗚咽知心託生死誰能此離別千里寬相從風波
復炎熱青天入探酒歡觴中夜激便欲乘滄溟超
遂送舉疑行行亦云至終當與君析稭棹即長途
惆悵如求訣謂余平生懷時俗莫能達學不追古
人終不顧有室還閒赴分教小邑傷蕭瑟始為賢
者哀郝知遷淪沒樊山羅歡讌赤壁空流月佇立
想音形音形一何闊
親文日凋謝況我情所鍾熊子三十餘亦在九原

中高才秖促齡積善適爲凶天道不可依人命如飛蓬夢寐常相見烟若生相從亦知心不異窮復里閈同始君掾韶學我心實忡忡歸來已三年微疾竟求終薄祿不救飢一官非高崇獨令君子亡碧血冷秋風鄰曲恩愛絶山川談咲空名家失金匱轉櫟入公宮誰復繼粹温徒用想春容千秋瓘山路繚繞劍池東

賦雙陸

三五對叅差高呼得采時猶疑雙出早每恨獨歸遲散地偏難入全功或誤奇極知妨日力聊足審

安危

泊安慶時再北游

夜泊淮西郡寒生客子衣酒家臨岸閙野燒映江飛雲盡月初出潮平風漸微前年城下路此際正南歸

漁父

夫前撒網如飛輪婦後揺艣青衣綴全家託命烟波裏扁舟為屋鷗為隣生男已解安貧賤生女已得供炊爨天生网罟作田園不敎衣食看人面男大還娶漁家女〻大還作漁家婦朝〻骨肉在眼

前年〻生計大江邊更須官中減征賦有錢沽酒
供醉眠雖無餘羨無不足何用世上千鍾祿

高郵城

高郵城〻何長城上種麥城下種桑昔日鐵不如
今爲耕種場但願千萬年盡四海外爲封疆桑陰
陰麥茫〻終古不用城與隍

濟州松度

辭家計日逢初度逢日値風在　南京曉起望觀
望天此行人初泊濟州城〻

楊柳青謠

楊柳青青河水黃河流兩岸葦籬長河東女嫁河西郎河西燒燭河東光日日相迎葦檐下朝朝相送葦籬傍河邊病叟長迴首送兒北去還南走晦日歸清賣葦回今日販魚桃花口連年水旱更無蠶丁力夫徭百不堪惟有河邊守墳墓數株高對曉相眾

雜詩四首寄彭通復

日月麗中天列宿爛昭昭河漢高且深烏鵲以為橋寒霜昨夜降時菊委嘉苗地勢西北雄終歲皆風飇玄工宰萬物特至有榮消常恐光景馳不得

與消揺

區區九州內，横從數千里。誰設山與河，愚者分表裏。京師天下本，萬國赴如水。珠犀從南来，狗馬由西止。浩浩荊吴船，日夜行不已。生材無定所，一物孰非己。皇天仁且廣，君道亦如此。我思古唐虞，當日誰共理。巢由伏箕穎，園綺居商顏。洗耳甘自潔，茹芝竟不還。三傑足為理，五臣安可攀。高尚誠所貴，孔轍争獨環。吾聞有隱淪，多在衡霍間。飲牛腹長飢，百結衷以寒。懷寶羞自獻，邂然老空山。

脉脉我所思彭氏躡遐蹤婉娩若處子未曾出房攏相望四千里踰年闕相從五月君寄書九月達京中我書欲報君書到歲已窮豈不懷繾綣無由覿君容睽差天際雲縹緲乘翔風羽翼不吾施翩彼南飛鴻君有高世行我無適時功天命人得達出處諒非同

栢堂詩

栢堂為劉母熊夫人作也夫人有淑德年二十五而寡守志不嫁有子曰觀又賢作堂以奉其母請名于太史氏謂之栢堂而作是頌

鬱彼北堂言樹其栢其栢嶷嶷維木之特栢之始生于彼高陵雨露其凝金石其貞栢之既成鳳臆鸞膺言樹斯庭霜雪是憑雪霜浩浩其栢鎬鎬有美君子而弗偕老其葉欒欒其節桓桓其居安安永世式觀我堂既構我栢既茂天錫眉壽保艾爾後

揭曼碩詩集

卷之二

獻張平章

天歷肇玄朔坤輿集　皇靈汴蔡既據夷南海淪炎精圖書入天府將帥功業成寶玉被親懿茅土列公卿庶類奮休祥群賢基太平明公紹鴻烈文采敵華聲此入三十年惕然心彌寧論兵體安危攬轡思澄清矧宅股肱地夙夜在　王庭名高德益難位隆責匪輕　聖心誠弘裕臣節美戰兢唐虞登夔皋堯舜猶日升周召竭師保成康措王刑

昌明顏同濟援筆播芳馨

題祝道士龍虎山先天觀圖

聞說先天觀重重絕壁環鳥啼青澗裏花落白雲間樵子能長歸居人識大還洞門無處認唯有水潺湲

二貞詩

關右有姬氏者父子皆蚤世姑趙婦張皆以年二十五而寡守節不嫁作二貞詩

關右有姬氏父子蚤棄捐孀婦奉寡姑誓死各芳年膏沐誰復理羅襦委篋開辛苦事蠶繅祭祀亦

靡憑父母既莫尊媒妁徒空言覓鴈安所施幣玉視如炬寧與枯瘁没不為歡樂存婉娩桃李花春鳥何翩翩萬物各知時姑婦獨纍然

史館獨坐

地僻天逾近風高午尚寒虛庭松子落欹檻菊花乾撫卷俱千古憂時有萬端寂寥麟史筆才薄欲辭官

周待制致樂堂詩

有堂渠渠在番之匯維周壽母式燕以娛渠渠有堂在番之陽維周壽母式燕以康斯堂何有有蘭

有芷垂佩槃槃維周之子斯堂何有有蘭有蓀垂
佩申申維周之孫曰烝曰嘗孔時且具維甘維旨
承予壽毋毋曰寧只福祿凝只升斯堂只我心平
只毋曰嘉只福祿遐只升斯堂只我心和只

馬氏巖溪圖

何處幽巖下復有清溪瀉霧氣散長林端聲落平
野石宜白鳥憩樹想玄猿把誰獨此安居居入云
姓馬

山水圖

幽人無世事高卧謝浮名山崦晴時出溪流盡[illegible]

行還闊有漁釣相問扣蹤荊不掃門前路莓苔滿
地生

送道士薛玄卿歸江東

知君此去漸難招只在人間已廓寥市上有時逢
賣藥山頭何處覓吹簫仙巖華落溪流滿兕谷雲
開對影遥未必故山安隱逸海天凉月夜蕭蕭

大明殿退朝和周待制

巍巍道德拱羲皇濟濟威儀隨漢光日射龍文宫
扇風傳雞舌侍臣香中霄景氣浮雙闕下界歡
謠動八荒詞館小臣何以報皇圖聖壽與天長

祖生詩

浦城孝子身姓祖自憐性命如糞土生纔五歲遭
亂離有母更被官軍虜零丁二十八春秋母縱得
生何處求天地茫茫明月恨江山漠漠白雲愁忽
得母書驚母在看書未盡淚先流書云流落河南
縣河南躑躅無由見唐州境上忽相逢白髮蕭蕭
霜滿面誰知喜極情轉悲旁人更問初別時千生
萬死到今日始爲母子東南歸東南迢遞關山路
入門猶記舊楠樹居人傳說盡相看雞黍提携竟
朝暮祖生母子真可憐少時離別老大還同時州

幷被兵者繫人骨肉能生全願生母子長壽考四
海升平永相保

孤雛行為鄖城節婦作

有鳥有鳥雌雄相追哺雛未飽鳴且飛雛未長雄
乃死子亦隨朝朝暮暮唯孤雛長林廣野風日美
步步不敢離故棲燕雀搖飈差復池廻身側腦適
相欺誰憐孤雛心到死終不移更有許州鄖城徐
氏毋一生抱恨守空閨

燕氏救兄詩

千金之子不死市楚不竟殺陶朱子生者可殺死

可生千金為重骨肉輕誰謂平陽有燕氏傾家乃
出而兄死弟再有兄兄見弟異閤驚嗟官吏喜鳴
呼安得天下之吏廉且循廉政如水無寃民

送華尊師以 天壽節奉 詔祀武當

靈時巖漢祠神峰標楚甸羽人丹丘伯承 詔馳
嘉薦華渚曜玉虹條風舞玄燕長淮雨中瀉喬嶽
雲閒獻涉旬歷峻阯探空巷知顛禊蘭香始升揭
虞帝如眷天清蹕動地肅玄武見飛響迴更聞
奇祥靜逾絢是中有真侶叠接諸方援胼胝負畚
鋪鑿琴蓄雷電金芝產齋房喬雲冠巖殿析榱無

歲年會節方紛衍既恊　時君降又樂明祀徧聖
歷齊堪輿豐澤周寓縣還歸報　天子獨往奚所
羡真侶謂張真人有道行
送馬雍古御史撫喻河西
我皇屬憂顧君子得安居孟春風且寒遺子以
脩途四牡何翩翩迴首睇神都我懷正紆鬱殽函
忽已踰積雪被長巒萎者何時蘇歸彼蓮花峰上
出浮雲衢白日皦以縣下視若玄墟煙塵起西北
原野無定株行者中顧懷居者念其廬黃河洶湧
流乃自崑崙渠四海豈不曠切若肌與膚親睹遠

讓人古以致康娛君子誠多材乃用在馳驅秦隴
阻關塞歲月浩已徂鞠躬盡明義足為世所模

送周山人之遼東

物變風已暄庭蘆雪猶在每與君子違偏驚歲年
改名山先夢到靈藥隨方采明日望行人雲槎隔
遼海

李宮人琵琶引

鄠縣尤主簿言有李宮人者善琵琶至元十九年
以良家子入宮得幸　上比之昭君至大中入事
興聖宮比以足疾乃得賜歸侍母給內俸如故國

允且乞詩於余遂作李宮人琵琶引其辭曰
茫茫青塚春風裏歲歲春風吹不起傳得琵琶馬
上聲古今只有王與李李氏昔在至元中少小辭
家來入宮一見　世皇稱藝絶殊歌翠舞忽如
空　君王豈爲紅顔惜自是衆人彈不得玉觴未
擧樂未停一曲便覺千金直廣寒殿裏月流輝太
液池頭花發時舊曲半存猶解譜新聲萬變總相
宜三十六年如一日長得　君王賜顔色形容漸
改病相尋獨抱琵琶空歎息　興聖宮中愛更深
承恩始得遂歸心時時尚被宮中召强理琵琶絃

上音琵琶轉調聲轉澁堂上慈親還佇立回看舊
賜滿床頭落花飛絮春風急

題上都崇真宮陳真人屋壁李學士所畫墨
竹走筆作

玉京灤水上仙館白雲鄉虛壁數竿竹清風生滿
堂微吟弄寒影靜坐佇幽香有客仍無事澹然方
兩忘

集賢大學士趙國公王開府儀八十應制

昭代雍熙日詞林賦頌時紫宸丹詔出甲第五
雲垂裕廟青宮裏王公玉樹枝朝[illegible][illegible]

夕侍接龍變際會真難及飛騰已在茲畢公初繡
斧方州更藩維霜簡驚風識天官潚羽儀還迎代
郎入竟被漢文知位望躋三少權衡俯百司每蒙
天顧藏宜許國著績鳳獻廣寒殿龍舟太液池羽
觴春侍宴玉座夜觀碁德業前賢繼辭華後進推
高情踰廣受餘事擬徽珪全趙山河富瀛洲日月
遲九卿看綵服八袠表厖眉皇覽逢初度殊恩介
壽祺黃封中使出玉食尚饔移國老陳嘉慶李韓公作
享肇工播纖辭禮非前代有施及老臣宜福祿何
人並思負百歲期聖心誠念舊政用作臣規

陵陽牟景陽以名祖父之子孫負奇抒勁氣而與世牴牾自合州教授入掾翰林一語不合竟棄去不顧以詩為别

奇璞刖之媒蛾眉妬之具悄悄君子心皇皇百王度高風集大木日夜如吼怒不畏枝葉殘但恐本根蠹曉登崇臺上天地一何巨白日光未吐羣星爛無數儼八五雲車縹緲玉清路區區陰陽忠可望躬可過忽聞金鑾召歲暮仍南去不得與之同頹足毛髮竪

結羊腸詞

正月十六好風光京師女兒結羊腸焚香再拜禮神畢剪紙九道尺許長燃成對縮雙〻結心有所祈口難說爲輪爲鐙恒苦多忽作羊腸心自別鄰家女兒鬪捴至未辨吉凶憂且畏須臾結罷起送神滿座嚾忻雜顛領但願年〻逢此日兒結羊腸神降吉

劉承旨父大司徒邢國公慶九十應制

聖主尊賢遂及親邢公盛事更無倫身躋九袠瞳方碧兒過耆年鬢未銀鳩杖乍頒寧畏憊龍章游拜欲忘身上公建土山河富光祿分壺雨露頻祈

朩天清雲五色梁園花發月重輪錫宴梁氏園三宮寵
錫鸞殊數四座稱觴半老臣瑞錦爛編迎化日無
金條脫照芳春素烱游〻晴熏上約雪冷〻豔曲
新先世勳庸歸琬琰名家父子映冠紳三槐已驗
移居日五柳翻如寄傲人淵底桃花曾閱世枕中
鴻寶自顯神詞臣欲繼莊生作才薄何堪論大椿

小孤山次韻

小孤山前一迴盼蒼然始識孤山面隔江疊嶂開
翠屏絕壁浮雲飄素練憶昔初蒙翰林携[illegible][illegible]
奇不知倦躋攀涉紀至絕頂目極神閑氣[illegible][illegible]

江東滙彭蠡来晝夜崩騰犇海甸笳鼓遥聞日月
動帆檣忽度乾坤轉舟人不識造物奇但趣急趂
南風便發悟徽官七載縛底用區〻厭貧賤深窓
拎辟守編摩何異揚雄困雕篆重来勝地歲云暮
短景催人疾於箭天昏一火明山半石底猶疑有
雷霆彭郎磯下寒浪湧坐客正説龍君傳人生可
喜還可憐世事堪違不堪戀明朝匡廬復入眼雖
有此境何由羨武城先生獨好事名山每恨遊難
徧興〻城容子無一錢但當作詩乞如願

[illegible]曾編脩　廬陵楚學士兄

[illegible]雁謁告歸廬陵阿兄在九原歲暮豈遑
寧兄昔事　武皇海內希英聲意氣動　人主文
采何從横時事一朝異長揖去躳耕令第紹芳猷
策足在承明如何奄忽閒南北隔死生方舟發京
國日落烟霧青萬感縁中来惕焉如有懲羈臣戀
魏闕一夕夐九升君子恩義重况此骨肉情〻深
不可忘悠〻道路長山川日夕改我行殊未央稍
出燕冀趨已涉齊魯疆高天圓四野悵望但茫〻
道傍多古墳壟域遍相當荒草吹北風日夕下牛
羊不知何代人於此關興亡自古既有死誰獨免

摧傷死者雖所同私懷詎能已塗路猶感傷況我
兄與弟世俗日衰謝常懼莫能起生者忽若遺蹤
復哀其死念昔賢哲人一一夫為鬼詩書捐篋笥
采采當路子摛藻厠明庭聿與君子同翱在弱冠
年已獲承其風家本聖門後孝友世所隆何意手
足親一別曠音容及我南歸日舟楫復相從曒曒
寒日高冥冥厲征鴻落帆滄江際渺然忽西東努
力慎所託無為謗勞躬

寄題臨川西澗范氏寓居

蟮塘塘更西幽澗抱堪蜒流水花間往孤禽竹裏

啼石棧苔自合山徑樹相齊久客成真隱故園應
已迷

尋舍弟將至東牢宿野店

歲暮尋吾弟山行兩舍餘入雲攀磴道落日及村
墟茅店溪邊冷松林石上踈如逢武陵客風景未
應殊

贈王郎

王郎楚狂士意氣飛秋霜讀書一萬卷下筆數千
行富貴視浮雲况肯矜文章十五恥閭里掉臂辭
故鄉夜宿東海月朝買西州舡賸回王公前結客

少年場一飲或一石一醉或一觴寧損屠沽人不
與俗士當千金不易笑歲暮單衣裳阮籍哀窮塗
英聲連四方鸞鵠有時鎩反愧燕雀翔世無劇孟
交不及青樓倡燕趙如花人翠袂黃金璫不識豪
俊士空媚癡與狂王郎遠過我坐我結藜床終夕
無酒飲撫髀歌慨慷平明別我去極目空注之

沈逸人東觀招飲山館

野館青山下晴軒積雨餘招尋蒙遠客寀實愧閒
居空翠沾盃冷殘雲度谷虛從茲結朋好隨處問
何如

畫鴨

春草細還生春雛養漸成茸茸毛色起應解自呼名

題聶氏谷軒

閑軒南山下日對南山雲青松蔭前檻秋菊被中園翳翳脩竹林清泉出其間歲晏農務息銜盃樂餘閑時從賢曲游共攜稼穡難達人貴知已俗士多所牽以茲謝簪紱委心事南軒列植既敷榮佳興日以繁讀書暇息子子餘事焉足言

送涂士章[illegible]還武昌陷入京師

吾雲屬鷟風萬重摩高圓蟠、深鼓巨浪山頂九臺
淵毛生入楚庭頡脫餓　礌間絮、、徐公子長鬚髯起
丘樊朝辭豫章臺暮　匡廬山大帆割鸚鵡極目
空波瀾黃鵠錦袍仙□　人笙歌霞段端相碩、一咲鄰青
春澌南天黃金築高、　臺更覺郭隗賢聯翩樂劇輩
相逐入幽燕平月九門□　刑劍佩喻五千豈無一丁字
舊傾倒平生言東風木□　華開待我薊門前

歸舟

汀洲春草徧風雨獨歸時□舟中流下青山兩岸
移鴉啼木郎廟人祭水神祠波浪爭掀舞艱難久

自知

小孤山曉發和蔡恩敬韻

日落霞明錦浪翻屋傾石峭白雲間乾坤上下雄
孤柱吳蜀東南壯此關神物夜移風動地仙舟曉
度月湧山回瞻絕頂登臨處空翠冥濛濟靄間

大信晚泊呈舟中諸公

千家楊柳江當門東梁西梁兩岸蹲連牆大艦集
日昏撾金伐鼓海上聞小江迎出采石後前人立
功後人守大信花采石酒陌上相逢莫迴首

白楊河看月

白樓河上看明月昔人曾見今人別茅屋數家河
上村記作　三山白銀闕波平風静棹歌来萬頃冲
融鏡面開今夜江南憶遊子空瞻雲漢〻盼回茫
茫萬里燕齊路北斗從横泰階曙黄河東逝月西
流明日乘風過洪去

歌風臺和李提舉韻

萬乘東歸父德開漢皇曾此宴高臺滿中父老謳
歌入海内英雄倒載回湯沐空餘濟泗在風雲猶
似翠華來穹碑立斷蒼烟上静閲人間幾劫灰

題嚴陵獨釣圖

何事玄纁入里閭羊裘輶脫就安車空令太史讋
同寢猶把狂奴視報書一出聊為天子重諸公豈
道故人疎朝廷自是中興士且放桐江著老獻

題鼴鼠食瓜圖

種瓜中園予亦勤止瓜長而實汝則殘止雖則殘
止予敢汝仇天實汝生予將何仇汝食之甘既肆
既闕實之食矣無傷予根根存而微惟予之窮根
咸而實惟乃之功

癸信州僊源觀徐尊師乃玄教大宗師張開
府之弟子也

玄霜搗藥世都遺葛屨蕉衫太古姿天上真人閒
府日山中僊子開門時空林雨過金芝老深谷雲
寒白鶴飢萬里馳書為求別盧數何處定相期

送蔡思敬還豫章有懷遼陽李提舉

朵日能同去不同獨携別恨向秋風眼看亂葉渾
無定心與浮雲併一空黄獨山中歸白髮玉梅溪
上夢先通莫嗟留滯京華者更有遼陽送斷鴻

孔林圖詩

集賢待制周侯能脩禮于孔林侍讀學士商公畫
之史官揭傒斯詩之

巍峨尼山蔽于魯邦篤生聖人維民之綱尼山之下有洙有泗有蔚孔林在泗之涘維彼聖人教之誨之凡厥有民則而傚之維彼聖人覆之載之凡厥有民敬而愛之既誦其言亦被其服孰秣其馬于林之側既誦其言亦履其武孰秣其馬于林之下六巒既同周侯之東薦之御之聖人之宮其音洋洋其趍蹌蹌其臨皇皇聖人允臧商民畜之式昭其敬戴聽戴思罔不由聖

壽櫟山詩一首爲吳真人生朝作壽櫟山其

峩峩壽櫟山頭洞雲錦溪百里空翠合諸峰南斗

邪卧斷月窺桂坐聽搏桑鷄臨深測地軸升高徑

天俔陰崖覆綠蘂陽岡數叢蔓懸泉聒逕響飛對

淩風嘶側畏猨鳥墮幽恐漁人迷茲山不自高與

人作丹梯赤松棲其東王喬憩其西浮丘前捧擁

安期後提攜神君領天官出入黃金闕梅花照羽

袂兲書函紫泥歸期指松櫟千歲猶未搢飡和養

靈源伏智歸荒蹊木公與金母大咲鼓鋞低

壽王副樞

七袠懸車兩府稀五朝遺老百僚師寒梅香足行

險處舊史評來坐歎時身退已將心共遠名高轉
覺世堪遺且陪嘉客露春酒政待武公歌抑詩

李將軍歌一首送李天民赴邵武軍口巡檢

李將軍材且武儒冠換得兜鍪去身縈南極老人星氣食陰山雪毛虎雕狐白馬金僕姑天地鼎之此丈夫五十方為求盜使人生何用苦詩書寄言邵武諸官長不是尋常一劍儒時中書以吏擲儒選員多有十年不得調者奏以爲闕儀謂道地擬參非其人而天民武舉是濮州人星漢常自前

題桃源圖

江左龍虎山南十里有桃源昔劉王二尊師所隱

也臨江范亨父為之記余為賦五言詩十七韻
桃源非一處龍虎畫難同內外關蹊鐵萬低石作
截黃蟠青劍北紫蓋白雲東蟒影當霄迴蛾眉抱
月弓名六峰千重藏曲折四面龍室地戶吟風黑
天池浴日紅雪霜斷濺瀑雷雨瀉崩洪暗識猨啼
遠晴聞鳥語工危龕三井秘絕澗九橋通江合仙
巖怒山連鬼谷雄劉王關闢後秦晉有無中時見
看桃侶頻逢採藥翁丹臺寒漠漠琳宇氣熊熊濟
勝非無具緣源恐莫窮烟霞俄變滅草樹杳龍蔥
四序何勞誌羣愚尚擊蒙讓言武陵近十里上清

宫

送人歸豫章

積雨霽徂夏故人令日歸手持毛生檄身着萊公衣玉樹桂秋月丹黄揚曉暉東湖徐孺子應恠久相違

送王留守宣慰荊湖

舟楫連檣出薊紅弓刀千騎入荊州歌翻郢雪琴瞻戀恩逐岷濤日夜流雲雨暝連神女宅山川晴繞仲宣樓豈無賢士堪招隱應向鹿門深處求

題張尊師畫

晨登翠微天氣穆清白雲擁谷飛露垂纓抓後遠
響衆鳥嚶鳴峯巒涉澗穿石度陞半巖雜氣藹鬱
松聲神宮漠漠靈丹熒熒投陰迹影叩寂求馨長
髮老人咲而相迎弗問弗承悟彼長生玄玉流液
瑤草結英浩浩彝泉出與川平宛彼下人望我巖
扃

送播州楊宣慰歸藩

祗奉綸言出夜郎蔡陳壤奠入明光嘉名宣
賜黃麾外大宴恩陪玉座倚天仗影移低日月
宮懸聲動下鸞皇三呼拜舞 君王德來共藩臣

守四方

雙旌遥指洞庭西十乘聯翩度五溪龍甫親軍無
使節犬狼諸貉入封提光貽廟祏恩波遠風動藩
維禮秩躋北望五雲高魏闕亦知憂傾在黔黎

寄題括蒼王氏東野二亭

畊雨

時雨布嘉澤羣物盡欣豫晨興集童僕東野從所
務鵓鳩應候鳴鸝黃翔高樹衆草萋萋出添潦被
行路黽勉勤微躬寧復當世慮羲農不我待沮溺
諧所慕食力隨齊民常愁顏空索眷言徇茲道卒

此年歲莫

心遠

窮居豈余志無營得長閒翳翳三畝宅頗樂彼南山灌木何蒼蒼雲鳥相往還已絶嬰世伉况接仁里歡但願黍稌登春酒恒飽願羲和緩其轡萬物悠然安

寒夜作

踈星東霜空流月濕林薄虛館人不眠時聞一葉落

送唐尊師祠武當

龍篆分香下絳霄羽衣承詔出清朝星臨翼軫南垂闊神降虚危北極遥金殿瑩雲開瑞氣玉臺和月合笙簫蕃釐更為吾皇祝下國時豐雨露饒

送詹尊師歸廬山

香爐峰色紫生烟一入京華路杳然雲碓秋閑舂藥水雨犁春卧種芝田書憑海鶴来時寄劍自潭蛟去後懸忽報歸期驚倦客獨淹微禄負中年

贈淳真子

蕩蕩白玉京超超淳真子十二求神仙服事丘處

李嵩洛二十載結茅白雲裏飧是暘谷霞飲是玉
池水鬼神莫能識百念吹不起一朝忽騰化緱氏
不可遮飛駟服五龍角巾搖三花朝發扶桑闕暮
宿河漢槎朝食千歲桃暮食五色瓜長揖青牛君
高歌渡流沙還憩金陵郎調笑許史家日食五侯
鯖安得厭胡麻春風長安陌落日邯鄲道迎人上
青天送人入秋草竦身八極外天地忽亦老寄謝
區中人全真以為寶

孤松篇壽王太學士

大地凍欲裂孤松高穆清橫睨泰華嵩俯察蓬瀛與

灝天風四浩蕩身與元氣并根深本自固霜雪空崢嶸白晝甘露降半夜朝陽升飛枝蔭扶桑勁氣摩欃槍羣鳳所託命百鳥徒啁鳴冥冥廣寒宮丹桂亦虛生八萬四千人何時月常盈維此天一柱千歲所養成自非堯舜君工垂焉敢徵漢武作建章千門照西京掄材當此時餘柯了棟樑天地既有此未必終無情蒼蒼歲寒心來世仰堅貞

過何得之先生故居五首

可憐古井門外依舊鐘樓屋西何處高塋痛飲竟華翠竹鄰迭（先生有詩云一井當門寒光照四隣又我住東厢北鐘樓在屋西）

心事巢由以上文章陶阮之間千古高墳保下白雲明月青山

軋軋機聲日莫依依楊柳春柔鄉下中郎小女曾聽唱我高郵（先生常喜余高郵城詩相見即呼高郵城来每相對酒酣則朗誦數過）頭上烏紗分贈篋中縞楮相醻不道別時長別誰知愁是真愁（延祐五年冬十月余南歸以巾材一見贈予以白楮被報之別時殊黯然也且手書其三代名字授予若有所屬然也）屋上青天未老門前白日常新他日登夔稷高安知不是斯人

送譚仲章歸長沙

君家雲陽下忽向雲陽歸行路有南北看山無是非三湘迴鴈盡孤劍白虹飛亦欲投簪去從君采蕨薇

我我亭詩

殷仲堪荅桓溫曰我與我周旋久寧作我宜春黄元瑜取以名渙亭曰我我爲賦詩一首

我游于衆于龍之干有闢閑閑有環言言有構桓桓維楶之安我居我爨我笑我語有翼其所而敢于傲我楨孔嘉我構孔華曾莫之迎而莫我多[illegible]馳者子亦孔勞矣既我覯矣亦莫我迷矣嗟發氏

之宅猶彿桓是友我不我友將誰適答溫溫其鮮洌洌其清藹藹芳芳燦燦其明■砥古之人尚或干起

送鄭司獄歸衢州赴調京師

壯年執戟事明君一日上書天下聞不恨棲遲百僚底猶堪激烈萬人羣爛柯山遠廻孤棹析木天清望五雲盡說于公陰德掉頭相別大江濆

題山水

野艇來無數山橋度有三寒雲依古寺落木帶巖隈廻首重重疊幽尋霧靄堪平生雙眼力江北復

江南

題御馬圖

朱纓金絡轡黄帕錦鞍韉神閑意更逸初下赤墀前

題山暉圖為劉尊師作

陵岑毓神秀草木咸光晶每覽靈景異變態如有情閃掩乍如幕飄浮忽相縈態態轉空曲奕奕連增成中有幽人居燕坐朝玉京窮陰亦朝徹無月恒夜明碧桃千歲花金芝四時榮猶疑地愛寶隨物弄華英

題臨江同知閒流民事蹟

江北流民七十口三十餘年在江表朋比結惡四百餘白刃差差壓村保崩騰所向如投空白晝攫金都市中頃由南昌入豐邑反賂守者為先容長官坐堂冠不窒妻子莫遮況金帛豈無鄉民敢相敵長官一揮翻辟易臨江貳守廉且武手縛其渠散其伍豈惟鄉民得按堵鄰境聞之皆鼓舞其渠在獄伍四歸大府上功民俗熙乃知一念敬厥職萬事至難皆可為人民社稷我所有安得坐視如雞狗人在雞狗猶愛之民社豈在雞狗後請君看

取臨江守

寄題朱氏真村堂

深居魏亭北惆悵自無華風俗似太古生涯如小
家歙醇猶恐避衣帛尚疑奢相與鄉人異詩書有
三車

送人從軍

妙年好文仍好武一日壯氣如虎彎弓已作滿
月圓枝劍更逐迴風舞壯心欲四起旌旆愁蒼山偃
蹇黃雲浮陣前手斬降王頭馬上仍懸猛將頭須
誓義大身命小順天將軍古來少一戰功成六合

清不用黄金印如斗

題淵明歸去来圖

清江皮使君治郡恩有恵政一日自免去而歸老焉廬陵王實初賞其高節以淵明歸去来圖求中朝學士大夫賦詩還以為壽僕用其意賦五言一首

吏事久見羣山澤曠游盤遊辰理還榮乃得從所歡悠悠川塗迴忽已造郊園風景一不異鄰曲皆舊観童稚識入情犇走向我前荒草雖誕漫松菊了不干睹焉猶初服常恐負昔言入室多美酒步

庭嘉樹繁暢然心神舒誰謂世路艱出處各有道
既倦當知還乃春農事興念之每忘餐貴賤豈不
殊樂此農圃安堯舜垂衣裳巢許箕潁間漢祖除
暴秦黃綺在商顛彼皆賢達士今古胡不然求與
簪組辭婆娑養餘年昔聞陶彭澤今見皮南恩千
歲仰高軌茲圖良足歎

揭曼碩詩卷之二

揭曼碩詩卷之三

門生前進士燮理溥化校録

題明皇出游圖應制

明皇八駿争馳道還見開元是天寶長安花發萬年枝不識韶華醉中老奎章閣下文書静冕旒端拱唐虞聖此圖莫作等閑看萬古君王作金鏡

畫鷹

文梁五色絛秋高意氣豪怒張兩目直霄漢豈與短翮翱蓬蒿妖狐畫作猛虎嗥騶虞并與神麟逃嗟尔飽食心空勞

題張使君棄官學道詩卷

至元天子朝萬國任丘使君謝病歸門前來罷車馬客身上已著朝真衣致君堯舜在豪傑洗耳巢由何是非棲雲觀裏青松樹惟有白雲終日飛

登祝融峯贈星上人

洞庭南桂嶺北衡山連延瀟岸黑中有祝融如髻鬟嵯峨七十二峯間祝融不自知千山萬山自廻環廻環面面芙蓉起祝融正在芙蓉裏儼如天仙朝紫皇千官百辟遥相望半夜每瞻東海日六月常飛滿樹霜龍拏鳳攫熊虎躑雲山霧滅何時[illegible]

我來正值太平時時有山僧似曇普憑高因一覽四

海空草間培塿安足雄盤盤羅漢臺翁翁衆帝宫

復恐九天上視我猶井中鼃風日夜相騰蹙谷老

崖堅松栢秃古來鉄瓦盡飄揚山上至今猶敝屋

山僧勸我歌我歌徒自傷天下五岳嵩中央此山

與我俱南疆我今三十始一見北望中原天更長

送何太虛南歸

窮秋乍到深冬別來已俄然去忽然學士已分脩

史祿道人特送賣舟錢單車欲發無三日幾處同

行可百年積雪堅冰愁客路徐州城下便通船

憶昨四首

天曆年中秘閣開，授經新拜育羣材。宮門待漏常先到，講席收書每後回。召試時蒙天語勞，分題不待侍臣催。滿頭白雪丹心在，太液池邊只獨來。

宮草葱茸禁樹齊，日趨延顥對凝暉。朝迎步輦花間立，暮送回鑾柳下歸。碧殿東浮蒼巘合，金河北引玉泉肥。幾廻弘慶門前路，春氣濛濛欲濕衣。

已巳羣儒映璧奎，端陽侍燕宝慈西。線分學士親臣送，詩賜皇姑御手題。注酒含春瑤露重，承塵轉午錦雲低。日斜共出西門道，既醉猶能散馬蹄。

奎章分署隔窗紗不斷香風別殿花留守日領中
賜果宣徽月送上供茶諸生講罷仍番直學士吟
成每自誇五載光陰如過客九疑無處望重華

題李安中白翎雀

白翎雀白翎雀每見灤河河上飛平生未識百鳥
性不敢籠向江南歸

寄題胡氏園趣亭

日與世情遠學人聊治生畦蔬多品類樹果各生
成野老過徧數山翁近不驚詩書吾所好農圃也
須明

題文瑞圖

常德之龍陽居多蜀士祠事梓潼君甚嚴祠前有池曰景星咸淳癸酉蓮兩葉並蔕者六劉初登進士第延祐甲寅兩花並蔕孫以忠登第天曆己巳華如甲寅城東三雅湖蓮復三華並蔕海魯丁獲獨步丁馮天澤聯貢而獲獨步丁登薦好事者寫以為圖邀余賦詩

蓮華復蓮葉並蔕更連莖並葉已不見三花兩花更有情如何與人作嘉瑞偏向龍陽水底生龍陽家事梓潼君華華葉葉梓潼神好在龍陽士汝但

讀書更續文爲華爲葉汝莫論

題南頓孔氏復明詩卷

失明非有故復明還自然方其失明時萬事俱棄捐外雖無所睹内則常淵淵如未嘗有目不喜亦不憐如明入地中明未嘗不全逍遥天地内如在天地先不助亦不忘一氣自周旋不敢計乞生敢計時序遷剥乃復之始自坤還至乾忽如浮雲散還我蒼蒼天昔非果失之今亦固有焉如何孔氏家母子仁且賢先後俱失明其復皆十年十者數之終如月晦必圓養之苟有道何疾非所痊須

永保之毋或忽此篇

奉同柯博士甘内掾下直賦

暮出閶闔門鮮鞍坐前庭冷泠草露白華月隔林生蟋蟀奮哀響鴻鴈流遺聲常恐芳景晏不知寒節并萬物肅將斂孤懷徒自盈援衿歗長謠淒泊諒難徵

賦得海上雲送良上人歸徑山

蕩蕩無邊涯悠悠何所之孤飛若有意羣往更無疑稍拂搏桑樹還經若木枝迎陽成五色乘陰忽四垂作態雖仍合多情去卻追因風過別島和月

下蓬池且任從龍去寧知到岸時惟應學空者諳
詣與相期

吳子高悼亡歸岳陽

都門落葉滿遊子去京畿忽聽離鸞操遙逐秋鴻
飛愁霜曉入鏡淚雨夕沾衣烟樹黃河岍風帆采
石磯平沙迴渺瀁寒宇曖熏微客心閑轉切鄉書
近却稀棠閣兒女泣行將童僕依羈慕添園故誰
云瀟岳非秦濤慣不險廻江望若圍武昌未易到
更向岳陽歸

秋夜作

露下氣逾肅月高寒欲流落葉階前樹踈鐘[illegible]
樓衰年對急景歸心臨莫秋當世非無意才薄徒
淹留

進士張于高淂邛州判官歸成都

邛竹山前負弩迎去年曾是一書生天寒劍閣猶
車馬雪滿纖橋正甲兵即恐徵求民力竭莫將憂
患客心并六千餘里關河路不盡深期遠別情

題陶淵明歸興詩

家貧無酒飲聊欲試絃歌去家百餘里邈若異山
河江上日多風濺浴水增波門前五柳樹搖落空

婆娑秫田已收成歸計當如何

寄題傅尊師兄弟所作寧壽道院

鍾紫之小千萬峰琵琶塵湖相疊重兩翁入谷起臺殿半夜空山聞皷鐘猛虎時逢澗邊石飛龍劫是雲間松黃庭書罷人難見鴻寶披殘手自封度發采芝隨鹿跡登歷望日躡雲蹤只知塵世惟堪笑不是神人定少逢辟穀有方桃更美團碁無地禰相容但餘一念封人祝未擬人間萬事慵

二月朔日雪中題歐陽少監所藏宋好古畫

竹

晨朝下延閣貽我琴琅玕微霜著節勁細雲寒歛枝徧稱遠墜葉更宜攢孤石覆逾潤橫坡晴不乾况茲春雪裏相對五雲端誤當裁汗簡誰擬截漁竿惟應瀟湘上歸共幽人觀

雲錦溪棹歌七首

雲錦溪中雲錦鮮好在高秋八月天西蜀錦江鄉得似西湖綠水更須憐

纔過浮石是藍溪溪上青山高復低山中泉是溪中水尋源直到華山西

藍溪棹去到藍洲水底嶄嶄石不流迴望朱宮

霧裏白雲深處更高樓

宮前棃浦白茫茫岸上人家不似墻能到此中還

有幾行人莫厭棹歌長

揚金橋望玉真臺臺下橋頭人往來崇仁宮裏看

花去安仁縣裏賣薪回

挹仙亭下薛公橋紛紛抵暮更連朝唯有橋西楊

與柳無情長繫木蘭橈

溪上層層雲錦山垂楊盡處是龍灘不是孤舟來

逆上何人知道世途艱

御書雪林二字賜趙中丞應 制

聖主揮毫臨秘閣親臣執法坐崇臺祥雲五色從天下彩鳳雙飛睽日來政欲清如林上雪已聞聲舊地中雷 君臣千載明良會咫尺微垣接上台

題胡虔汲水蕃部圖應制

沙磧茫茫塞草平沙泉下馬滿囊盛曾於王會圖中見真向天山雪外行 聖德只今包宇宙邊庭隨處樂農耕生綃半幅唐 筆留與 君王駐遠情

題辛澄蓮華觀音像應制

至人不可測晏坐青蓮華珠纓被玉體白毫貫彩

霞從何得此相來置玉皇家

杜節婦詩

結髮事夫子長言兩相期語晏方婉孌生死遽分離室中無長子堂上無老姑生計日蕭條誰分心不渝良馬不亂群仁鳥不亂行昔者為夫婦今忍遂相忘生為董家女死作杜家婦安能若流水東流復西注春秋陳時祀蘋藻宿所共一朝祭無主焉得不忡忡灼灼庭中花落落俱為實賤妾在空閨志願從此畢

題內府畫四首應　制

韓滉土星像

五行土居中百獸牛有功土行降爲神騎牛髮翁翁有土復有牛惟神賜年豐誰知韓滉意政與皇心同

曹將軍下槽馬圖

曹霸畫馬真是馬宛頸相摩槽櫪下卓犖權奇果如此豈有世上無知者朱絲不是凡馬韁天閑十二皆龍驤曾從天子平四方畫圖彷彿餘驪黃華山之陽春草長

韓幹馬

韓幹畫出曹將軍幹惟畫肉猶逼真昂藏四顧欲飛去老奚安知馬有神想當此馬未畫時朝刷吳越莫燕秦頓轡長鳴風動地不數驊騮與騏驎當時用舍那知許粉墨蕭條尚雄武千金駿骨何足論萬世長留群玉府

宋徽宗成平殿曲宴蔡京圖御畫壁記

東京諸蔡滿周行延福成平樂未央千畝松篁蘢玉殿九霄風露濕霓裳君臣契合同堯舜禮樂光華邁漢唐明日圖成仍作記千秋留與監興亡

送秘書李道濟赴陝州幕

蓬萊道山芸閣裏赤甲白鹽蓮幕中十載同朝君
獨去三年佐政我難同大河水滿中宵雨鉅野樹
涼清曉風夷陵江頭幾日到迎親應先南飛鴻

奉送全平章赴江西

聖主思南土明公起集賢直期凋瘵後共致太平
年金虎分符重文龍賜服鮮權綱兼將相標格近
神仙天地三江外星辰北極邊丹心齊出處素志
在陶甄請江南事都非大德前但徼扶弱美竟述
坐抑強偏無復同憂樂徒令舞智權平疇吹渤澥
暗室伏戈鋋貪虢明相訓忠良黙自憐民心隨日

壞世態與時遷況復兵饑接仍聞疫癘纏誅求殊
未已蝨賊轉相梃若擬寬憂顧先須解倒縣久飢
寧擇食多病但求痊一語堪懲勸微機足轉旋已
知平似水更道直于弦遥想聞公至渾如望歲然
九重天上别百丈霧中牽日月明金節山河入畫
船四方初息馬五月正鳴蟬豐樂田多黍生香灤
有蓮岱宗標魯地廬嶽壓湖天水惟收崩浪山靈
埽瘴烟歡呼麟鳳出踴躍吏民先笳鼓趨雄鎮旌
旗覆廣川下車和氣應袖手頌聲延膏雨侵淮甸
仁風扇海壖忠貞真世篤調燮有家傳赤子皆同

體蒼生且息肩龔黄須警策方召在蕃宣

題青山白雲圖

蕭寥青山曉迢遞白雲生衆樹春已暗高原人未

畊方思看桃去復擬采苓行深谷無機事白髮枕

松聲

桃花鸚鵡

嶺外經年别花前得意飛客來呼每慣主愛食偏

肥才子憐紅觜佳人學緑衣貍奴亦可怕莫自戀

芳菲

趙孝子

廬陵趙孝子四歲父行賈一去三十年家惟大母
母大母已云沒而父行不歸兒長亦有婦母子聊
相依從父自北來汝父久已死母子哭且問父死
何鄉里聞汝父死時不知汝父處汝但欲往問京
師多舊故再拜別阿母行行至京師自念不見父
兒死無歸時乃有曾老者往昔與父善言汝父死
處濱州利津縣徒跣二千里薄言至利津朱琪張
文輩一一陳所因死以某年月葬以某木棺姓名
某所題近在城南端城南冢纍纍翳然榛莽中極
目千萬冢誰能識其蹤行哭七日餘欲死不得所

生者無由知死者豈能語解髮繫馬鞍負之墳墳過吾倘父有知髮解鞍自墮俄至一墳前鞍墮髮自解開墳見前和題字宛猶在既見父姓名痛絕心始安函骨陳野祭禽鳥聲爲酸鄰老四面來驚歎未曾有相率報縣官縣官駭之久即日上大府大府咸異之次第聞中朝行子正南馳行子行且傷哭踊如初喪路遥山川阻何時至故鄉故鄉既云至葬祭無違禮母子永不離萬事若流水聞者盡稱孝見者皆感泣期爾百世昌望爾百禄集兒今無一願願母長不老歲歲父墳前酒飯墳上草

入秦淮和曾編脩

秦淮江上送飛鴻秦淮水流西復東六朝人物已寂寞萬古雲山空疊重明日還沽采石酒昨朝聽廣陵鐘人生不似寒潮水去去來來有定蹤

送陵陽蕭教授赴瀏陽

青草茫茫接洞庭瀏陽江上好談經遥遥瞻紫蓋為南嶽仰見長沙是壽星日晏投書招楚客夜闌鼓瑟感湘靈下簾高坐金錢滿賸買鹽梅寄在廷

賦得春雁送張郎中省親揚州

東風吹歸雁離離翔天側朝發衡陽浦夕過陰山

磧嘹喉浮雲中萬里才一息春言思親者相望有
南北

送聶太祝赴潮州録寧聶天曆潛邱舊人

三載從容禮樂閒仙曹新拜度梅關春風忽過金
陵道夜月重經黄木灣盜賊數州相應起甲兵諸
道幾時還憑君細講安民策莫遣邊防一日閑

題俞氏看雨軒

慘澹來何處崩騰忽滿城遥連四山黑近灑半江
明可愛花間濕偏宜竹上聲中宵未可住高枕寄
餘情

題江道士清虛館

遺紛極玄覽宴坐白玉京日月朗朝夕河漢流無聲冉冉兩玉童雙吹紫鸞笙下視九九州浮以四大瀛萬劫猶一瞬逍遙樂泰清

賦得吳歌送人歸吳中

三月酒如澠高堂絲竹停繡筵雙鳳影珠箔亂鶯聲疊應紅牙拍辭傳金縷名綵雲低不度芳塵暗自驚花發長洲苑日照闔閭城且奉千金壽寧忘萬里情

己卯七月二十有七日補寫訖

藏園傅增湘識

揭曼碩詩卷之三

曼碩詩集以元至元本為最古然徧檢諸家藏目皆屬舊鈔如錢氏讀書敏求記張氏愛日精廬所藏皆從元刻傳録者張芙川家所藏則從元刻校勘者惟葉文莊水東日記言其家有元時坊刻三卷本意即此本耳昔於南中見芙川家明寫本有李兆洛黄廷鑑季錫疇諸人手跋相與歎賞詫為珍祕則元刻之罕覯益可知矣甲子歲余游廠市偶獲此本半葉十行行十九字黑口四周双闌字體婉秀有松雪意間有補板則殊為拙滯題門生前進士燮理溥化校録目録前有至元庚辰季春日新堂印

行一行諸家題識以為在目後者皆誤也惜卷三末缺失七番適余有影元鈔本遂手寫完之自元代至元庚辰至今歲己卯凡歷三朝十周甲子正六百年而余以垂暮之齡幸目力未衰得弄其柔翰以奏媧皇煉石之功斯亦有數存耶後之得吾書者鑒此炳燭之明差免抱殘之憾勤勤護守俾毋壞失則余之露鈔雪纂庶不為徒勞也乎

歲在己卯中秋節江安傅增湘識